看图
说小康

陈辉　编著

北京出版集团公司
北京少年儿童出版社

图书在版编目（CIP）数据

看图说小康 / 陈辉编著． — 北京 ：北京少年儿童
出版社，2017.11
ISBN 978-7-5301-5022-1

Ⅰ．①看… Ⅱ．①陈… Ⅲ．①小康建设—中国—青少
年读物 Ⅳ．①F124.7-49

中国版本图书馆CIP数据核字(2016)第303495号

看图说小康
KAN TU SHUO XIAOKANG
陈辉 编著

*

北 京 出 版 集 团 公 司
北 京 少 年 儿 童 出 版 社 　出版

（北京北三环中路6号）
邮政编码：100120

网址：**www.bph.com.cn**

北 京 出 版 集 团 公 司 总 发 行
新 华 书 店 经 销
北京市雅迪彩色印刷有限公司印刷

*

889毫米×1194毫米　32开本　3.125印张　50千字
2017年11月第1版　2019年7月第2次印刷
ISBN 978-7-5301-5022-1
定价：22.80元
如有印装质量问题，由本社负责调换
质量监督电话：010-58572393

决胜全面建成**小康社会**
实现中华民族**伟大复兴**

　　实现中华民族伟大复兴是中华民族的伟大梦想。新时代是全体中华儿女勠力同心、奋力实现中华民族伟大复兴中国梦的时代。习近平总书记在党的十九大报告中指出："实现中华民族伟大复兴是近代以来中华民族最伟大的梦想。中国共产党一经成立，就把实现共产主义作为党的最高理想和最终目标，义无反顾肩负起实现中华民族伟大复兴的历史使命，团结带领人民进行了艰苦卓绝的斗争，谱写了气吞山河的壮丽史诗。"

　　实现中华民族的伟大复兴，凝聚了几代中国人的夙愿，是中华儿女矢志不渝的奋斗目标，是中国人民的跨世纪梦想。试想一下，在本世纪中叶就将把我国建成富强民主文明和谐美丽的社会主义现代化强国，是多么的令人向往！

　　千里之行，始于足下。眼下最要紧的是到2020年实现全面建成小康社会的目标。这不仅是需要我们这一代人辛勤努力而去实现的历史性成就，也是开启全面建设社会主义现代化国家新征程的坚实基础。小康社会什么样？没有最好，只有更好。概而言之，就是经济更加发展、民主更加健全、科教更加进步、文化更加繁荣、社会更加和谐、人民生活更加殷实。要让广大人民，特别是青少年朋

友理解这些"更加",光靠抽象的政治词汇不行,必须拿事实来说话,需要用图画来表达。只有这样,才能使广大人民知道全面建成的小康社会就在我们身边,就在我们生活的方方面面,才能懂得珍惜这个小康社会来之不易,才能明白小康社会是几代中国人付出艰苦努力用辛勤的汗水换来的,才能憧憬全体人民共同富裕基本实现、我国人民将享有更加幸福安康生活的美好明天,才能不忘初心,薪火相传,一张蓝图干到底、一代接着一代干,实现中华民族伟大复兴的中国梦!

这就是这本读物的旨意所在。是为序!

中央社会主义学院教授 张峰

2017年11月

目 录
MULU

1

中国历史上的小康理想

"小康"这个词可是历史悠久,你知道它是怎么演变来的吗?

历史上，老百姓把心目中的**理想生活**称为**"小康"**。他们认为有饭吃、不挨饿，有衣穿、不受冻，就是小康生活。作为一种生活理想，小康在中国老百姓心中有着经久不息的魅力。

嗯，吃饱穿暖，这样的生活要求一点儿都不高！

小康最初的意思

"小康"一词，最早出自2500年前我国第一部诗歌总集《诗经》。《诗经·大雅·民劳》里说："民亦劳止，汔可小康。"其意是讲，老百姓终日劳作不止，最大的希望就是过上小康的生活啊。

中国历史上的读书人，也把心目中的**理想社会**称为**"小康"**。小康作为一种社会模式，最早是在儒家经典《礼记·礼运》里提到的。这本书借孔子之口提到了两种社会状态，一个是**大同**，一个是**小康**。

翻译成今天的大白话，大概意思就是：

大道之行也，天下为公。选贤与能，讲信修睦。故人不独亲其亲，不独子其子。使老有所终，壮有所用，幼有所长，矜寡孤独废疾者，皆有所养。男有分，女有归。货，恶其弃于地也，不必藏于己；力，恶其不出于身也，不必为己。是故谋闭而不兴，盗窃乱贼而不作。故外户而不闭。是谓大同。

大同社会，天下是人们所共有的。人们选贤任能，讲求诚信，崇尚和睦。因此人们不单奉养自己的父母，不单抚养自己的子女，要使老年人能够终其天年，中年人能够为社会效力，孩童能够顺利地成长，弱势群体能得到很好的照顾。人们憎恶那种在共同劳动中不肯尽力的行为。这样一来，就不会有人搞阴谋，不会有人盗窃财物和兴兵作乱。这种社会就叫"大同"。

今大道既隐，天下为家。各亲其亲，各子其子，货力为己。大人世及以为礼，城郭沟池以为固。礼义以为纪，以正君臣，以笃父子，以睦兄弟，以和夫妇，以设制度，以立田里，以贤勇知，以功为己……是谓小康。

如今已不是大同社会了，天下成了一家一姓的天下。人们只敬爱自己的父母，只疼爱自己的子女，财物和劳力都为私人所有。把爵位传给自己的弟子，成了固定的制度，又筑起城墙沟池保卫自己的领地。制定礼仪作为纲纪，用来确定君臣关系，使父子关系淳厚，使兄弟关系和睦，使夫妻关系和谐，使各种制度得以确立，划分田地和住宅……这种社会就叫作小康。

翻译成今天的大白话，大概意思就是：

孔子所说的大同，是一个天下为公的理想社会。大家都把公共利益放在第一位，一切有困难的人都会受到帮助，人们都不遗余力地贡献自己的才能，创造的财富也并不只属于自己。

孔子所说的小康，是一个天下为家，靠礼仪维持社会运转的社会。 人人都为着自己的家考虑，爱自己的亲人，为自己创造财富，而整个社会以礼仪为标准考察约束人们的行为，提倡君臣守责，亲人有爱，夫妇和谐，施行仁义。

"小康"就是低配版的"大同"啊！

《礼记》里的"大同"与"小康"，一个是高度的和平与安乐，一个则是靠礼仪等来维持秩序的低一层次的和平与安乐，分别是儒家的最高目标和现实目标。"小康"被描述为一种比"大同"差一点的理想社会。它们是相邻的两个阶段，只要不断努力，一步一步走下去，就能达到"小康"，进而达到"大同"。

时代的车轮一直在不停歇地前进，对"小康"理想的追求和渴望却没有被抛在时代的车轮之后。特别是离我们很近很近的100多年里，很多**有见识的人物**站在当时他们所处的历史环境中，对未来的小康社会进行了设计。

有见识的人物之康有为

清朝末年，康有为在《大同书》中提出，人类社会是一个从"乱世"到"升平"再到"太平"，不断更新、发展、进化的历史过程。其中，"升平者，小康也"；"太平者，大同也"。他认为，"乱世"是人类社会的原始形态，"太平"即大同社会，是人类社会发展的最高形态。"升平"亦即小康社会，是居于这二者之间的社会形态。

康有为设想中的大同社会里，没有国家、没有种族、没有阶级、没有家庭、私有制消失、人人平等、天下为公，人类过着高度发达的物质生活和丰富的精神文明生活。

康有为的设想是一个和谐的、万家灯火的人类世界。

有见识的人物之孙中山

孙中山先生也受到儒家社会理想的影响，他提出了"天下为公"的思想，提出了"三民主义"和在中国建立资产阶级民主共和国的方案。

孙中山的"天下为公"是一种政治理想，即天下为天下人民所共有，"公"即"共"。意思是国家政权属于人民共有。孙中山曾说，我们"三民主义"的意思就是：民族、民权、民生。孙中山设想通过三民主义实现"人能尽其才，地能尽其利，物能尽其用，货能畅其流"，进而实现国富民强，天下为公的大同社会。

孙中山可是中国伟大的民主革命的开拓者呀！

可以说，"小康"寄托了中国传统社会老百姓对衣食无忧的生活的一种向往，并作为一种社会理想，有着广泛的社会基础和深厚的文化底蕴。

2

中国共产党的
全面小康社会

总体小康和全面小康是有区别的哦，你知道它们的区别在哪里吗？

我们今天谈到的小康社会，和康有为、孙中山所说的小康可不一样了，这是**中国共产党**提出并不断发展完善的目标，而且到2020年，就要实现啦！

1982年

党的十二大报告正式把20世纪末实现小康的目标确定为其后20年中国经济发展的战略目标。由此，"小康社会"成为中国人民美好生活的新期待，"奔小康"成为整个党和国家的中心工作。

1987年

在党的十三大上，我国经济建设"三步走"战略部署被正式提出。在当时，最重要的是走好其中第二步，即到20世纪末，使国民生产总值再增长一倍，人民生活达到小康水平。经过不懈努力，进入21世纪，这一阶段性战略目标顺利实现。

2002年

党的十六大在深刻分析我国社会各领域发展状况的基础上，做出了一个十分清醒的判断，认为"现在达到的小康还是低水平的、不全面的、发展很不平衡的小康"，并郑重提出在21世纪头20年全面建设小康社会的奋斗目标。

2007年

党的十七大根据国内外形势的新变化，顺应各族人民过上更好生活的新期待，在党的十六大确立的全面建设小康社会奋斗目标的基础上，提出了人均国内生产总值到2020年比2000年翻两番等新的要求，从而有了更加清晰完整的宏伟蓝图。

2012年

在党的十八大上中国共产党站在新的历史起点上，发出豪迈宣言：一定能在中国共产党成立100年时全面建成小康社会，一定能在新中国成立100年时建成富强、民主、文明、和谐的社会主义现代化国家。

2017年

党的十九大又提出：决胜全面建成小康社会，开启全面建设社会主义现代化国家新征程。

这就为我们提供了一个看得见、摸得着的路线图和时间表，并清楚地告诉世界，中华民族全面建成小康社会的千年梦想日渐成真！

从"解决温饱"到"小康水平"；

从"总体小康"到"全面小康"；

从"全面建设"到"全面建成"。

小康社会奋斗目标的提出、发展和完善，标志着我国社会主义现代化建设不断开创新境界、步入新阶段，也是我们党"发展为了人民，发展依靠人民，发展成果由人民共享"的执政理念的具体体现。

小康社会就是我们家人人都很有钱。

嗯，小康社会可不只是物质生活的富足。

能不能别那么俗！

邓小平设计的小康社会

20世纪70年代末，我国社会主义和现代化建设的总设计师邓小平创造性地用**"小康"**这个词来表述"中国式的现代化"，提出了普通百姓更容易理解的奋斗目标。

以后，邓小平又多次使用这一概念。提法上，有"小康之家""小康的中国""小康社会""小康生活"等，意思大致相近，讲的都是2000年中国式的四个现代化实现后的景象。

四个现代化，即"工业现代化、农业现代化、国防现代化、科学技术现代化"，是中国共产党在1950年至1960年提出的国家战略目标。1964年12月，周恩来在政府工作报告中首次提出，在20世纪内，把中国建设成为一个具有现代农业、现代工业、现代国防和现代科学技术的社会主义强国。

这个内容很关键，你要仔细看哦！

1987年，邓小平在阐述中国社会主义现代化建设的目标时，提出了"**三步走**"的战略部署。

第一步

从1980年到1990年，国民生产总值翻一番，人均达到500美元，解决人民温饱问题。

第二步

从1990年到2000年，国民生产总值再翻一番，人均达到1000美元，人民生活达到小康水平。

第三步

从21世纪初到21世纪中叶，人均国民生产总值达到4000美元，达到中等发达国家水平，基本实现现代化。

国民生产总值（GNP）是指一个国家（或地区）所有国民在一定时期内新生产创造的产品和价值总和。

国内生产总值（GDP）是指一个国家（国界范围内）所有生产者在一定时期内生产创造的产品和价值总和。GNP和GDP都是衡量一个国家或地区总体经济状况的重要指标。

　　党的十三大把邓小平的这一战略构想写进了大会的报告中，作为我们党和国家进行现代化建设的重要指导思想，并且把**第三步目标**实现的时间进一步确定为**21世纪中叶**。这样，中国现代化发展的新战略提出来了。而进入小康社会，是这个战略的第二步目标。

1983年3月2日，邓小平在与中央几位负责同志的谈话中，以苏州为例，谈到了工业生产总值人均接近800美元后，社会将发生的改变：第一，人民的吃穿用问题解决了，基本生活有了保障；第二，住房问题解决了，人均达到20平方米；第三，就业问题解决了，城镇基本上没有待业劳动者了；第四，人不再外流了，农村的人总想往大城市跑的情况已经改变；第五，中小学教育普及了，教育、文化、体育和其他公共福利事业有能力自己安排了；第六，人们的精神面貌变化了，犯罪行为大大减少。

　　邓小平所设计的小康社会，是一个吃穿不愁、人民安居乐业的社会，是一个经济、政治、文化全面发展的社会，是一个中国特色社会主义社会。它既不同于中国古代知识分子所憧憬的小康社会，也不同于康有为等近现代先进知识分子所设计的小康社会。康有为等人所设计的小康社会，是一个建立在小农经济和私有制基础之上的理想社会；而邓小平所设计的小康社会，则是一个**以公有制经济为主体、共同富裕为目标，经济、政治、文化全面发展的中国特色社会主义社会。**

2020年，中国人民将万众一心、奋发图强，实现全面建成小康社会的新目标。从奔小康到全面建成小康社会，这是中国社会亘古未有的历史巨变，更是人民生活亘古未有的历史巨变。

我们可是见证中国全面步入小康社会的人啊，多有意义！

从总体小康到全面小康

2000年，我国人民生活**总体上**已达到了小康水平。党的十六大提出了全面建设小康社会的新目标，党的十八大提出2020年全面建成小康社会，党的十九大提出要决胜全面建成小康社会，那么，总体小康与全面小康有啥区别呢？

总体小康已经很了不起了！

20世纪末，我们实现的小康是总体小康，也就是说，从1980年到2000年，我们的GDP翻两番，人均GDP达到800美元。2000年的小康主要是以经济指标来衡量，所以又称为"总体小康"，虽然实现了GDP翻两番，但我们的社会发展还很不均衡，地区差别、城乡差别都很大。

总体小康
（2000年）

· 低水平的、不全面的、发展很不平衡的小康。

· 人均GDP只有800多美元，属于中低收入国家的水平。

· 是偏重物质消费的小康。

· 尚有3000万人的温饱没有完全解决，有一批人口在最低生活保障线以下。

· 总体小康只能说是刚刚跨过小康的门槛。

全面小康
（2020年）

· 较高水平的、范围全面、发展平衡的小康。

· 人均GDP将超过3000美元，达到中等收入国家的水平。

· 除了注重物质生活水平的提高，还特别注意人们的精神生活、生活环境的改善，努力实现社会的全面进步。

· 惠及十几亿人口，所有现在没有达到小康水平的人群，都将达到。

· 全面小康，人民生活将更加殷实、宽裕。

完全可以想见，2020年我们的祖国和我们的生活该有多么美好。

然而，更加美好的祖国和更加美好的生活肯定不会自动来到我们面前，需要我们付出艰苦的努力，扎扎实实地奋斗；需要我们创新发展思路，不断解放和发展生产力，使综合国力和国际竞争力明显增强。全面建成小康社会，我们充满信心。

全面小康社会，经济更加发展、民主更加健全、科教更加进步、文化更加繁荣、社会更加和谐、人民生活更加殷实。

3

2020年，小康社会什么样

2020年的小康社会，方方面面都更加美好。

"更好的教育、更稳定的工作、更满意的收入、更可靠的社会保障、更高水平的医疗卫生服务、更舒适的居住条件、更优美的环境"，"孩子们能成长得更好、工作得更好、生活得更好"，2012年11月15日，刚刚当选中共中央总书记的习近平，用朴实的语言，道出了人民心中的梦想。

党的十九大报告指出："中国共产党人的初心和使命，就是为中国人民谋幸福，为中华民族谋复兴。"这展现的正是中国共产党执政的宗旨信念和奋斗情怀，成为引领中国人民开辟未来的精神旗帜。

这个目标：

· 凝聚了几代中国人的夙愿。

· 体现了中华民族的整体利益。

· 是中国共产党向13亿人民做出的庄严承诺和历史担当。

更满意的收入

　　提高城乡居民收入是全面建成小康社会的重要内容，体现着社会主义本质的必然要求。

　　党的十八大提出，要千方百计增加居民收入。党的十八届三中全会提出，要形成合理有序的收入分配格局。党的十八届五中全会提出，在提高发展的平衡性、包容性、可持续性的基础上，到2020年，国内生产总值和城乡居民人均收入比2010年翻一番。

　　党的十九大提出，要让人民生活更加宽裕，中等收入群体比例明显提高。要促进收入分配更合理，更有序。

收入决定满意度，只有提高城乡居民的收入，才能提高人民的幸福指数。

小康社会

我们的收入什么样？

城镇就业规模逐步扩大，劳动生产率不断提高，就业质量稳步提升。

城乡居民人均收入比2010年翻一番；城镇居民家庭年人均可支配收入应达到38218元，农村居民家庭年人均纯收入应达到11838元，分别突破6000美元和1900美元。

宏观收入分配格局持续优化，居民可支配收入占国内生产总值的比重继续提高。

居民内部收入差距持续缩小，中等收入者比重上升，现行标准下农村贫困人口全部实现脱贫，共建共享的格局初步形成。

25

国际上，一般将人均GDP3000美元左右，但长期无法突破人均GDP1万美元，经济发展停滞不前，称之为"中等收入陷阱"。

到2020年，如果我们能"实现国内生产总值和城乡居民人均收入比2010年翻一番"的目标，人均GDP将有望突破1万美元，从而成功突围"中等收入陷阱"。

　　根据2010年的数据计算，如果到2020年，我国顺利实现了"国内生产总值和城乡居民人均收入比2010年翻一番"的目标，我国的国内生产总值将突破80万亿元人民币，按照目前的汇率计算，为128400亿美元。因此，2020年前，城乡居民收入有望保持7.3%～7.4%的增速，实现收入翻番目标。

更稳定的工作

　　党的十九大指出，要提高就业质量和人民收入水平。就业是最大的民生。2013年劳动和社会保障部发布了关于充分就业的课题报告，提出我国到2020年完全有信心有实力，实现社会就业更加充分。

　　在国际上，"充分就业"并不是指一切有劳动能力的劳动者全部都就业了，而是指在一定市场工资水平下，愿意就业的劳动者都能够就业的状况。

看，关于"充分就业"的国际标准是这个样子的。

我国城镇新增就业人口每年平均为1000万人

近2500万下岗失业人员实现了再就业

城镇登记失业率稳中有降

国民经济稳定增长，经济结构进一步改善

党和政府把就业作为宏观调控指标，纳入各级政府考核内容

贯彻实施《就业促进法》，为促进就业建立起长效工作机制

充分就业

这就是说，愿意就业的人是都可以拥有自己的工作的。

我们的工作什么样？

　　劳动力资源得到更加充分的开发和利用，绝大部分的劳动者可以顺利实现就业。2020年我国的新增就业人口保持在1500万左右，就业总量将由现在的7.6亿人提高到8.5亿人左右。

　　就业渠道通畅。人力资源市场机制发挥主导作用，城乡就业的体制分割基本消除，劳动力价格在劳动力配置中发挥基础作用，在法律保障下劳动者的自由流动成为现实。

　　有就业能力和就业愿望的劳动者都能享有平等的就业机会。城镇调查失业率控制在6％以下，失业半年以上者得到有效的就业援助。

　　劳动者的就业权益得到有效保障。强化政府促进就业的责任，实行更加有利于促进就业的财政保障政策、税收优惠政策、金融支持政策以及更加有利于促进就业和减少失业的对外贸易政策。

更好的生活

带领人民创造美好生活，是中国共产党始终不渝的奋斗目标。随着全面建成小康社会目标的实现，中国城乡居民收入将大幅度提高，为物质生活质量的整体改善奠定良好的基础。

消费方式上，随着居民收入的提高，人们对物质消费将投入更多的资金，消费的档次和结构也将提高一个层次。

消费档次将从一般家庭消费向服务、旅游、保健、信贷、轿车和住房，甚至收藏等高档消费延伸。

消费结构将从初级小康型农产品消费向中级小康型的工业品消费转移，甚至向富裕型的服务消费迈进。预计2020年后，居民衣食住行将有较大的改善。

从有些节俭到适度消费，从仅仅满足于基本生活需求到更加注重生活品质，不仅仅是"40后""50后"，越来越多的中国人的消费观在发生着转变。

"2016中国消费小康指数"调查

准备将更多的钱用于旅游、娱乐等享受型消费。

70.1%受访者

准备将更多的钱用于文化教育消费。

66.3%受访者

准备将更多的钱用于基本生活开销。

60.2%受访者

而在往年的同题调查中，受访者们的首选都是将更多的钱用于基本生活开销，其次才是用于旅游、娱乐等享受型消费，文化教育消费则排在第三位。

31

我们的生活什么样？

人均口粮
135千克

食用植物油
12千克

豆类
13千克

肉类
29千克

蛋类
16千克

奶类
36千克

水产品
18千克

蔬菜
140千克

每日摄入能量
2200～2300千卡

日均蛋白质
摄入量78克

5岁以下儿童生长
迟缓率控制在7%以下

全人群贫血率控制
在10%以下

居民超重、肥胖和血脂异常率
的增长速度明显下降

随着经济发展，人民生活水平逐渐提高，"现代文明病"的曝光率也越来越高。如便秘、肥胖、高血脂、动脉粥样硬化、冠心病、糖尿病、脑卒中等。这些问题很大程度上是由于人们吃得好、吃得精，但运动量却逐渐减少而造成的，对我们的生活造成很大危害。

当今世界4种膳食结构模式

发达国家模式

也称富裕型模式，主要以动物性食物为主，通常动物性食物年人均消费量达270千克，而粮食的直接消费量不过60~70千克。

发展中国家模式

也称温饱模式，主要以植物性食物为主，一些经济不发达国家年人均消费谷类与薯类达200千克，肉蛋鱼不过1千克，奶类也不多。

日本模式

也称营养模式，主要特点是既有以粮食为主的东方膳食传统特点，也吸取了欧美国家膳食长处，加之经济发达，人均年摄取粮食110千克，动物性食物135千克左右。

地中海模式

为居住在地中海地区的居民所特有。突出特点是饱和脂肪酸摄入量低，不饱和脂肪酸摄入量高。膳食含大量碳水化合物。蔬菜水果摄入量较高。心脑血管疾病发生率很低。

小康社会，我们的家会有改变吗？

智能家居

美好生活

空调系统自动启动

在办公室或在出差时打开电脑上网，家中的安全设备和家用电器立即呈现在你面前的电脑上

壁灯缓缓点亮

窗帘自动关闭

回家前启动电饭煲

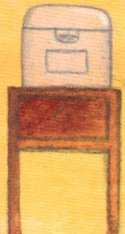

门锁被开启，家中的安防系统自动解除室内警戒

启动晚安模式就可以关闭所有的电器

更舒适的居住条件

"让全体人民住有所居"，是党的十九大提出的要求。未来20年，人们的住房一定会朝着"安全、健康、舒适、科学、节能、环保、生态"的方向发展。

到2020年，城市居民将有很大一部分会居住到**高智能、低碳、环境优美**的高级住房里，既能感受现代建筑给我们带来的物质体验，也能充分感受到现代建筑给人带来的精神层面的愉悦。

2020年的住房主要分为三类

高收入家庭享有面积较大、品质高端的住房；

中等收入普通家庭拥有面积适中、功能齐全、质量较高的住房；

低收入家庭拥有面积不大、基本功能齐全、质量可靠的保障性住房。

我们的住房什么样？

★城镇人均居住建筑面积35平方米；

★每套住宅平均面积在100～120平方米；

★城镇最低收入家庭人均住房建筑面积大于20平方米；

★城镇先进住宅节能发展率超过80%；

★城镇先进住宅安保智能化率为60%；

★城镇用电普及率达到85%；

★城镇污水处理率达到75%；

★城镇生产垃圾无害化处理率达到55%；

★农村人均住房建筑面积40平方米；

★平均每套住宅占地面积达到140平方米；

★农村家庭安全可饮用水率达到90%；

★农村家庭建有厕所比例达到30%；

★城市人居公共绿地面积8平方米。

更便捷的出行

到2020年，交通网络将会更加安全、更加便捷、更加智能。未来的航空、铁路以及高速公路将会基本覆盖到全国主要县市区，城市公共交通网络更加智能化。地铁、BRT（快速公交系统）等快捷智能的交通方式将会大幅增加，人们的出行方式将会更加的便捷，家庭小轿车的普及率也将大幅提高。

到2020年，交通事故发生率和交通运输碳排放强度大幅度下降，客运和货运服务水平明显提升，基本形成安

绿色交通、绿色出行，上班上学都不迟到。

到时候我们的智能交通将会更加发达，让老百姓都受益。

全、便捷、高效、绿色的现代综合交通运输体系。基础设施衔接顺畅、运输服务便捷高效、科技信息先进适用、资源环境低碳绿色、安全应急可靠高效、行业管理规范有序。中西部地区交通发展水平明显提升，农村地区基本出行条件与东部地区差距明显缩小。

智能交通系统

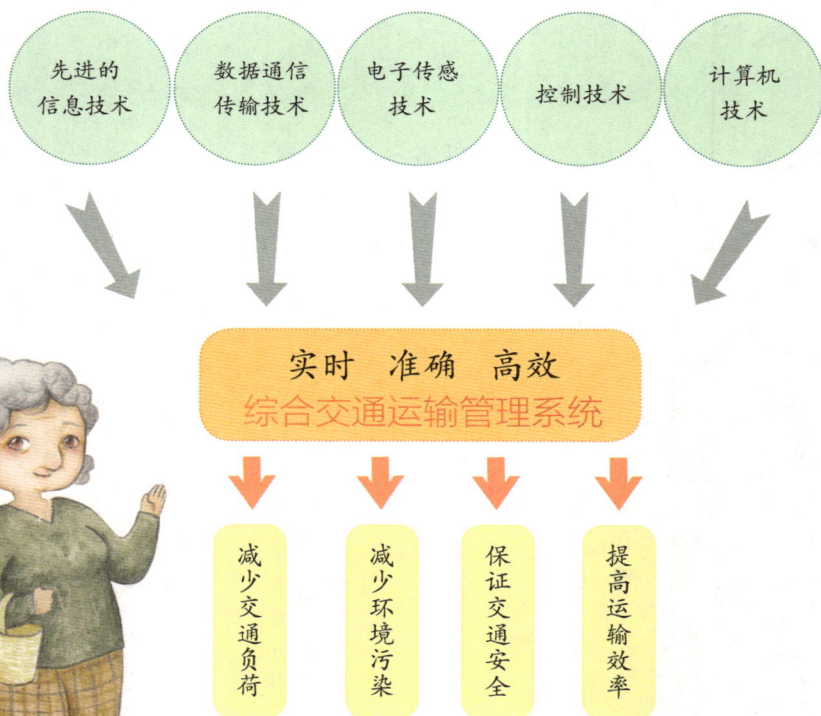

先进的信息技术

数据通信传输技术

电子传感技术

控制技术

计算机技术

实时 准确 高效
综合交通运输管理系统

减少交通负荷

减少环境污染

保证交通安全

提高运输效率

高铁改变生活

真像孙悟空的筋斗云，想去哪里去哪里！

1 从2008年我国第一条高速铁路——京津城际铁路开通至2016年，高铁已通达28个省份，运营里程达到1.6万公里，超过全世界高铁总运营里程的一半。

2 中国已成为世界上高速铁路系统技术最全、集成能力最强、运营里程最长、运行速度最快、在建规模最大的国家。

3 高铁的建成与普及，突破了城市的空间瓶颈，使城市间的距离越来越小，人们的生活半径也大大扩大，越来越多的人享受到了全新的出行方式。

4 "早上广州喝早茶，午餐武汉品鲜鱼，晚上郑州吃烩面，清晨北京看升旗"，高铁使这看似不可能的生活理想变成了可能。

小康社会

我们的交通什么样？（一）

建制村"村村"通硬化路、通班车、通邮比例均达到100%。

高铁的总里程达到3万公里，覆盖全国80%的大城市。现在新建的12条高铁有10条是通向中西部的，以后那里的人们出行更方便。

民用运输机场超过257个，全国90%的人口在直线距离100公里内都可以享受航空运输服务。

形成京津冀、长三角、珠三角、长江中游、中原、成渝、山东半岛等7个城市群城际铁路网，城市群的中心城市间1～2小时就能到达。

小康社会

我们的交通什么样？（二）

地铁轻轨的总长将达到3000公里，基本会形成城市轨道交通网。

居住小区距离公交车站最远不超过500米，运行频率合理，等候时间不超过20分钟。

综合交通出行信息服务、综合运输网络售票服务省级行政区覆盖率均为100%，高速公路ETC覆盖率85%。

在同一座城市，高铁、城铁、机场将整合成开放立体的综合交通网络，拿着一张交通卡或有支付功能的智能手机，可以在这几种交通方式间随意换乘。

更高水平的医疗卫生服务

　　群众"看病难、看病贵"的问题是当前社会普遍关注的热点问题，也是关系到全面建成小康社会、和谐社会的一个重大问题。党的十九大提出，要全面建立中国特色基本医疗卫生制度、医疗保障制度和优质高效的医疗卫生服务体系。

　　2020年，人人都将会享有**健全的医疗卫生服务**，重大疾病、传染病的预防和医治将会更加科学有效。2020年，中国的**医疗技术和医疗服务水平**将会大幅提高，未来中国医疗技术水平将逐步赶上欧美国家，公民将"病有所医"，病人不再为"看病"发愁。

　　中国公民的身体素质也将会得到显著的改善，人口预期寿命将不断提高，婴儿死亡率将会逐渐降低，各项指标均会超过中等发达国家的水平。

截至2016年底，我国60周岁以上老年人口达2.3亿人，占总人口的16.70%。

大量青壮年劳动人口从农村流入城市，提高了农村实际老龄化程度。

生活照料

康复护理

医疗保健

精神文化

· 老年人口医养结合需要更多卫生资源的支撑。
· 康复、老年护理等薄弱环节更为凸显。

两孩生育政策实施后，新增出生人口将持续增加，对包括医疗卫生机构在内的公共资源造成压力，特别是**大中城市妇产、儿童、生殖健康**等相关医疗保健服务的供需矛盾将更加突出。

43

老人小孩这么多，爸爸妈妈这样的成年人也要看病，那该怎么办呢？

别着急，我国的医疗服务能力还是很强大的。

健全的医疗服务

截至2016年底，我国有：

· 医疗卫生机构99.3万个，其中医院2.9万个，基层医疗卫生机构93.1万个；

· 卫生技术人员844万名；

· 床位747万张；

· 执业（助理）医师317万名、注册护士350万名。

越来越健全的医疗服务资源大大缓解了老百姓的就医需求，到2020年，我国的医疗卫生服务将达到一个更高的水平。

小康社会

我们的医疗什么样？

我们的人均预期寿命将提高一岁，从现在的76岁提高到77岁。

公立医院逐步取消药品加成，医疗服务价格更加合理。

当有重特大疾病和需要应急救助的情况发生时，可以和基本医疗保险一起，防止家庭灾难性医疗支出。

每个县办好1～2所县级公立医院，打造30分钟基层医疗服务圈，居民正常步行2公里就能赶到附近的医疗机构。

每万人有2名全科医生，每千人有2.5名执业（助理）医师，每千人有3.1名注册护士。

2015年至2020年，新增加产床8.5万张，产科医生和助产士增加14万名，每1600名儿童，增加一名儿科医生。

推行电子健康档案、电子病历，在不同的医疗机构可以信息共享。

推进家庭医生签约服务，由签约医生来负责约定的基本医疗和健康管理。

更好的教育

　　党的十九大提出，要"优先发展教育事业"。到2020年，基本实现教育现代化，基本形成学习型社会，进入人力资源强国行列。

小康社会

我们的教育什么样？（一）

实现更高水平的普及教育

· 学前教育基本普及；

· 巩固提高九年制义务教育水平；

· 普及高中阶段教育，毛入学率达到90%；

· 高等教育大众化水平进一步提高，毛入学率达到40%；

· 新增劳动力平均受教育年限从12.4年提高到13.5年；

· 主要劳动年龄人口平均受教育年限从9.5年提高到11.2年；

· 具有高等教育文化程度的人数比2009年翻一番。

小康社会

我们的教育什么样？（二）

形成惠及全民的公平教育

- 教育的公益性和普惠性增强，公民依法享有接受良好教育的机会得到全面保障。

- 基本公共教育服务体系覆盖城乡，基本公共教育服务均等化逐步实现，教育的区域差距缩小。

- 实现"办好每一所学校，教好每一个学生，不让一个学生因家庭经济困难而失学"的目标。

- 进城务工人员子女平等接受义务教育问题得到解决。

- 残疾人受教育权利得到保障。

提供更加丰富的优质教育

- 教育质量整体提升，教育现代化水平明显提高。

- 优质教育资源总量不断扩大，更好满足人民群众接受高质量教育的需求。

- 学生思想道德素质、科学文化素质和健康素质明显提高。

- 各类人才服务国家、服务人民和参与国际竞争能力显著增强。

我们的教育什么样？（三）

构建体系完备的终身教育

· 学历教育和非学历教育协调发展。

· 职业教育和普通教育相互沟通。

· 职前教育和职后教育有效衔接。

· 继续教育参与率大幅提升，从业人员继续教育年参与率达到50%。

· 现代国民教育体系更加完善，终身教育体系基本形成，促进全体人民学有所教、学有所成、学有所用。

健全充满活力的教育体制

· 通过解放思想，更新观念，深化改革，提高教育开放水平。

· 全面形成与社会主义市场经济体制和全面建成小康社会目标相适应的充满活力、富有效率、更加开放、有利于科学发展的教育体制。

· 具有中国特色、世界水平的现代教育体系逐步形成。

更丰富多彩的文化生活

党的十九大报告指出："满足人民过上美好生活的新期待，必须提供丰富的精神食粮。"

让全体人民"一个都不能少"地享有均衡优质的公共文化服务，是全面建成小康社会的重要内容，也是检验标尺之一。文化小康，意味着城乡居民将享有更加丰富的文化产品和服务，享有更加多彩的文化生活。

未来中国文化事业将不断发展，文化馆、博物馆、图书馆、体育馆的数量将不断增加。

我国旅游业从无到有、从小到大，实现了从短缺型旅游发展中国家向初步小康型旅游大国的历史性跨越。旅游已经从少数人的奢侈品，发展成为大众化、经常性消费的生活方式。

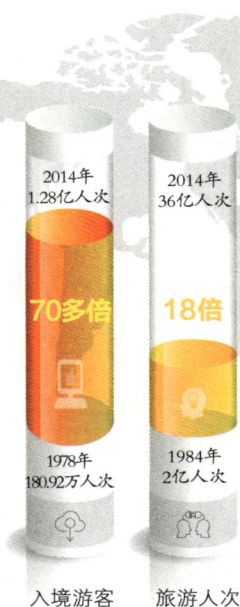

2014年 1.28亿人次

2014年 36亿人次

70多倍

18倍

1978年 180.92万人次

1984年 2亿人次

入境游客　　　旅游人次

旅游人次从1984年2亿人次到2014年36亿人次，是1984年的18倍。

接待入境游客从1978年180.92万人次增长到2014年1.28亿人次，翻了六番多。

旅游业已经从单一的传统旅游行业，发展成为综合性的现代产业。几乎所有的省、直辖市、自治区都将旅游业列入战略性支柱产业，85%以上的市（地、州）、80%以上的县（区）将旅游业定位为支柱产业。

我们的文化生活什么样？

人们将有更多的收入用于文化教育及娱乐方面。如购买书籍、进一步深造、国内外旅游、周末休闲度假，更加注重娱乐和健身活动。

全国范围的乡镇（街道）和村（社区）普遍建成资源充足、设备齐全、服务规范、保障有力、群众满意度较高的基层综合性公共文化设施和场所。

基本建成覆盖城乡、便捷高效、保基本、促公平的现代公共文化服务体系。公共文化服务的内容和手段更加丰富，公共文化管理、运行和保障机制进一步完善。

未来小康生活，人们的休闲娱乐活动将会更加丰富，休闲产品和休闲形式更加多样化，居民生活加速步入休闲享受型阶段。

全民旅游时代将会来临，将从温饱型旅游迈向全面小康型旅游，带薪休假制度初步实现，年人均出游达5次以上，超过中等发达国家水平，人均花费赶上中等发达国家人均水平。

更健康的体魄 ⭐ ⭐

　　党的十九大提出，要实施健康中国战略。人民健康是民族昌盛和国家富强的重要标志。人民身体健康也是全面建成小康社会的重要内涵。

　　当前，我国面临**经济转型与"多重疾病负担"**、**人口老龄化和结构变化**、**生态破坏和环境污染**、**环境卫生有待改善**等多种矛盾和问题，要求我们转变经济发展方式，实施绿色发展与健康环境互动的战略选择。要把美丽中国和健康中国建设有机统一，动员全社会共同营造健康环境，从城市规划、建设到管理等各方面，都以人的健康为中心，保障居民健康生活和工作，实现健康人群、健康环境和健康社会有机结合。

到时候是不是不需要天天锻炼了？

错！不管医疗条件如何，你都得坚持锻炼。

打造全民健身环境

构建市（县、区）、乡镇（街道）、行政村（社区）三级群众身边的全民健身设施网络和城市社区15分钟健身圈。

人均体育场地面积达到1.8平方米，改善各类公共体育设施的无障碍条件。

严格落实按"室内人均建筑面积不低于0.1平方米、室外人均用地不低于0.3平方米"标准配建全民健身设施的要求。

农村"四荒"（荒山、荒沟、荒丘、荒滩）和空闲地等闲置资源，改造建设为全民健身场地设施。

利用景区、郊野公园、城市公园、公共绿地、广场及城市空置场所建设休闲健身场地设施。

国际上通常看法是，当一个国家或地区60岁以上老年人口占人口总数的10%，或65岁以上老年人口占人口总数的7%，即意味着这个国家或地区的人口处于**老龄化社会**。

2016年末，全国总人口13.827亿。

60周岁及以上人口2.3亿，占总人口的16.7%。

65周岁及以上人口1.5亿，占总人口的10.8%。

　　中国人口年龄结构的变化，说明随着中国经济社会快速发展，人民生活水平和医疗卫生保健事业已得到巨大改善，生育率持续保持较低水平，老龄化进程逐步加快。

老龄化的含义：一是指老年人口相对增多，在总人口中所占比例不断上升的过程；二是指社会人口结构呈现老年状态，进入老龄化社会。

我们的健康水平什么样？

人均预期寿命达到77岁。

人均体育场地面积不低于2.3平方米。

居民的健康素养水平稳步提升，从2015年的10.25%达到20%。

在城镇社区实现15分钟健身圈全覆盖。

每周参加一次及以上体育锻炼的人数达到7亿，经常参加体育锻炼的人数达到4.35亿。

确保学生校内每天体育活动时间不少于一小时。

全民健身的教育、经济和社会等功能充分发挥，体育消费总规模达到1.5万亿元。

基本建成县、乡、村三级公共体育设施网络。

"密集的楼房，拥挤的车流人流，城市生活让人们处处感受到一种挤压感。"随着经济社会的发展，人民群众在生活水平提高的同时，对于运动健身、休闲游憩、邻里交流等方面的需求也日益强烈。"15分钟健身圈"无疑是响应了人民群众对于全民健身的需求。

"15分钟健身圈"你家门口有吗？

15分钟健身圈，最直观的解释就是城市居民走出家门后，步行15分钟内就能到达最近的健身场地。倘若健身场地在15分钟步行能够到达的区域内，人们参与体育锻炼的积极性就会得到提升，而且可以保持延续性。

更优美的环境

党的十九大报告指出，建设生态文明是中华民族永续发展的千年大计。小康社会是环境优美的社会。这些年，中国的城乡环境得到了巨大的改善。高楼、大桥、高铁、公园、绿地都越来越多。**"建设美丽中国"** 的号召，激起了社会各界的共鸣。在全面建成小康社会的目标实现后，中国的环境将会大幅改善。

建设绿色屏障，人们都生活在绿荫中。

大气中PM2.5含量降低

城市噪声与城市积水等问题将会逐渐好转

公共交通拥挤现象会得到进一步缓解

城乡居民的饮用水资源将会更加安全

雾霾天气将不复存在

全面建成小康社会，需要绿色发展。

　　小康全面不全面，生态环境质量是关键。如果经济发展了，但环境恶化了，人们整天生活在雾霾中，见不到蓝天白云，那也算不上幸福，那是得不偿失的。

我国的资源状况需要绿色发展。

　　我国人口众多，人均资源紧张，石油等资源的人均占有量也明显低于世界平均水平。而长期以来，我国生产方式粗放，资源浪费严重，加剧了环境约束，越来越成为制约发展质量提升、实现可持续发展的瓶颈。

我国目前的发展阶段需要绿色发展。

　　从我国的发展阶段来看，经过长期快速发展，资源环境承载能力已经接近或达到上限，再不刹车就可能跌入"环境—贫困"陷阱。能否顺利越过这个坎，绿色发展就是一个关键抉择。

我国的环境形势需要绿色发展。

　　我国的经济发展取得巨大成就的同时，也付出了沉重的环境代价。许多城市空气质量不达标，雾霾笼罩。水污染严重，镉、砷、铅、铬、汞等重金属污染严重，成为土壤中长期存在的"毒瘤"。"美丽中国"已经难以承受环境破坏之痛。

只有绿色发展，才会天更蓝、山更青、水更绿。

一国（或地区）在加速推进城镇化过程中，因对资源过度依赖造成资源枯竭、环境恶化、疾病多发，进而导致贫困加剧；反过来，贫困加剧又迫使该地经济发展更加陷入资源依赖，致使环境更为恶化，这一恶性循环就被称为"环境—贫困"陷阱。

为了我们的美好环境，行动起来吧！

建立现代能源体系

　　合理的能源结构和较高的能源效率是现代能源体系的两个基本特征。目前，我国能源结构还很不合理，化石能源消费比重过高，综合能源效率比发达国家低15%～20%，如不改变，我国的能源供应将难以持续。我们将按照"十三五"规划建议的要求，加快能源技术创新，推动能源的清洁高效利用，加快发展风能、太阳能、生物质能、水能、地热能，安全高效发展核电，建设清洁低碳、安全高效的现代能源体系。

发展循环经济

传统经济是"资源—产品—废弃物"的单向直线过程，创造的财富越多，消耗的资源和产生的废弃物就越多，对环境资源的负面影响也就越大。循环经济则以尽可能小的资源消耗和环境成本，获得尽可能大的经济和社会效益，从而使经济系统与自然生态系统的物质循环过程相互和谐，促进资源永续利用。

倡导低碳生活

碳排放是关于温室气体排放的一个简称。温室气体已经并将继续为地球和人类带来灾难，我们的日常生活一直都在排放二氧化碳，如何通过节能减排的技术来减少生活、生产中的碳排放量，成为21世纪初最重要的环保话题之一。

我们的生态环境什么样？

单位国内生产总值二氧化碳排放强度比2005年下降40%～45%。

重要江河湖泊水功能区水质达标率提高到80%以上。

用 水 总 量力争控制在6700亿立方米以内。

森林覆盖率达到23%以上。

草原综合植被覆盖度达到56%以上。

光伏装机达到1亿千瓦左右，地热能利用规模达到5000万吨标准煤。

50%以上可治理沙化土地得到治理。

更可靠的社会保障

社会保障体系建设是全球难度最大、问题最多、压力最突出的公共服务领域之一。党的十九大提出，要全面建成覆盖全民、城乡统筹、权责清晰、保障适度、可持续的多层次社会保障体系。

《2014年全球社会保护报告》数据

27%
拥有较完备社会保障的人口

39%
没有医疗保障的人口

49%
没有退休金的退休人口

72%
无法享有失业保障待遇的人口

60%
没有工商保障的劳动人口

48%
没有养老金的老年人口

改革开放以来，我国社会保障制度从传统的、单一的、国家主导下的单位保障制，逐步转型为政府和企业主导、社会各方与个人责任共担、通过社会化方式实施的国家－社会保障制。

我国社会保障情况

（截至2016年底）

职工和城乡居民养老保险参保合计达8.9亿人

城镇基本医疗保险参保7.5亿人

总覆盖超过13亿人，95%以上的城乡人口有了基本医疗保险。

发行社会保障卡9.72亿张

新农合参保8.62亿人

小康社会

我们的社会保障什么样？

· 城乡基本养老保险覆盖率达到85%以上；

· 城乡基本医疗保险实现全民覆盖；

· 城镇失业保险覆盖率达到50%；

· 城镇工伤保险覆盖2.9亿人；

· 城镇生育保险覆盖超过2亿人，探索建立农村生育保险制度；

· 城乡最低生活保障实现低于保障标准人群全覆盖；

· 公共财政中社会保障与就业类支出达到公共财政总支出的12%，占GDP比重达到3.2%。

社会环境更加和谐

　　构建**社会主义和谐社会**，是一项具有重大战略意义的宏伟工程，是我们党顺应历史发展变化，为推进中国特色社会主义伟大事业做出的重大战略举措，是我们党今后一个时期为之奋斗的重要目标。宣传思想工作必须发挥自身职能优势，努力营造良好的社会环境，为构建社会主义和谐社会提供强大的精神动力和舆论支持。

我们走在大路上，开开心心，和谐安康！

小康社会

我们的社会环境什么样？

是民主的社会

人们希望看到的，是更加具体的民主，是表现在公平和公开基础上的民主。在实际生活中，公民将会更多地参与到与其生活息息相关的公共政策的制定和执行中去，公民在小康社会中可以实现自己的政治参与诉求。

是讲礼貌讲道德的社会

社会道德风尚将会进一步净化，社会公民道德水平提高，骂人、排队加塞等不道德的现象将会进一步改善，未来的小康社会将会更加的公平和幸福。

是更加有序、更具有安全感的社会

2020年，中国社会将更加有序、更加安全，小康社会将会大幅减少恐怖袭击事件、抢劫杀人事件、民族宗教事件、经济安全事件，人民安居乐业，公共安全将得到进一步保障，公共秩序得到进一步改善。

党的十九大提出，要培育和践行社会主义核心价值观。把社会主义核心价值观融入社会发展各方面，转化为人们的情感认同和行为习惯。

社会主义核心价值观

- 是社会主义核心价值体系的内核
- 体现社会主义核心价值体系的根本性质和基本特征
- 反映社会主义核心价值体系的丰富内涵和实践要求
- 是社会主义核心价值体系的高度凝练和集中表达

人民有信仰，国家才有力量。

将社会主义核心价值观同全面建成小康社会的奋斗目标联系起来，我们就能不断形成更加广泛的价值认同，不仅为国家发展助力，更为民族进步铸魂。

4

小康不小康，
关键看老乡

农村的建设和发展要达到什么水平，才能算全面建成小康社会呢？

2013年4月，正在海南省出席博鳌亚洲论坛的习近平总书记就近到农村考察，讲了一句意味深长的话："**小康不小康，关键看老乡！**"这句话明白无误地告诉全党和全国人民：要在我国真正全面建成小康社会，关键要看我们能否切实解决好农业的持续发展、农村的社会进步、农民的生活宽裕，由此也再次用通俗易懂的语言论述了我国全面建成小康社会最艰巨、最繁重的任务在农村的深刻道理。

　　党的十九大提出，要实施乡村振兴战略，坚决打赢脱贫攻坚战。确保到2020年我国现行标准下农村贫困人口实现脱贫，贫困县全部摘帽。要做到脱真贫，真脱贫。

农业发展是建设全面小康的短板

　　但凡人口众多的国家，在迈向现代化的进程中，必有两大现实问题无法回避：一是众多人口的吃饭问题；二是在人口总量中，如果农业人口所占比重高，那么整个国家的发展水平就只能由农业、农村、农民的基本状况来决定。人口众多，其中农业人口所占比重甚高，这是迄今为止我国的基本国情。

是呀，所以说"小康不小康，关键看老乡"。

城市建设得再漂亮，也代表不了这个国家的整体发展水平。

1978年底，中国共产党召开了具有重大历史意义的十一届三中全会，由此拉开了中国改革开放的序幕。

农村改革以来的30多年，我国农业的发展取得了长足的进步，粮食产量增长了93.45%，其他各类重要农产品的产量更是成倍乃至成10倍地增长，我国人民的温饱问题由此得到了基本解决。

中国农业大发展

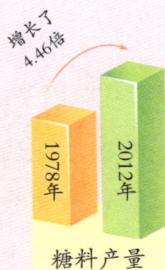

增长了
近1倍

1978年 2012年

粮食产量

增长了
5.59倍

1978年 2012年

油料产量

增长了
2.15倍

1978年 2012年

棉花产量

增长了
4.46倍

1978年 2012年

糖料产量

增长了
35.62倍

1978年 2012年

水果产量

增长了
11.69倍

1978年 2012年

水产品产量

但是近年来，我国的农业发展也面临着一系列新情况、新矛盾、新挑战。

我国农业人口众多

我国很早就已经成为世界上人口最多的国家，1949年，我国总人口为54167万人；1978年，我国总人口为95809万人；2016年，我国总人口已经超过了13.8亿人，而农业人口已经达到8亿。

农村环境问题凸显

长期以来，大部分农村的生活垃圾、生活污水、畜禽养殖和农业废弃物任意排放的问题严重，农村环境问题已经成为危害农民身体健康和财产安全的重要因素，严重制约了农村经济和社会的可持续发展。

农民务农的积极性下降

1990年，农民人均纯收入中来自家庭经营的收入占75.56%，到2015年已降为44.63%，其中来自农业的人均纯收入仅为1/3左右，农民务农的积极性在下降。

只有全面提升农业发展水平，全面建成小康社会才能顺利实现。

农民收入是实现全面小康的制约

共同富裕是社会主义的价值取向和奋斗目标。

人民生活水平全面提高，是全面建成小康社会的一大重要目标。农民收入水平的提高当然是其中重要的一个方面。

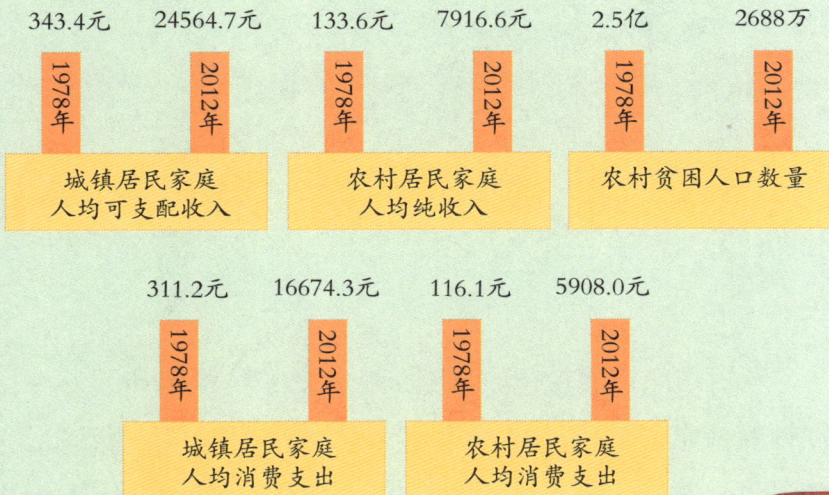

城乡居民生活发生巨变

（1978—2012）

343.4元　24564.7元　　133.6元　7916.6元　　2.5亿　　2688万

1978年　2012年　　1978年　2012年　　1978年　2012年

城镇居民家庭人均可支配收入　　农村居民家庭人均纯收入　　农村贫困人口数量

311.2元　16674.3元　　116.1元　5908.0元

1978年　2012年　　1978年　2012年

城镇居民家庭人均消费支出　　农村居民家庭人均消费支出

可以看出，改革开放以来，农民的收入有了翻天覆地的改变，但总体来看，农民收入和生活水平仍然明显偏低。

1 在国民收入分配中，城乡居民收入水平整体偏低。

2 城乡居民收入差距扩大。1978年至2012年，城镇居民人均可支配收入与农民人均纯收入绝对额的差距从209.8元增加到16648.1元，扩大了78.4倍。

3 农村内部的收入差距较大。中西部地区农民收入水平远低于东部地区，农村高收入户和低收入户收入比相差7倍。

要促进收入分配更合理、更有序是党的十九大提出的明确要求。农民收入如果不能得到切实较快的提高，到2020年城乡居民收入比2010年翻一番、收入分配差距缩小、扶贫对象大幅减少的目标就难以实现。

改变农村落后面貌是建成全面小康的重大任务

城镇和农村只有相互支撑、相互依存，才能共同构建经济社会协调发展的整体图景。新中国成立以来，特别是党的十六大以来，农村的生产生活条件得到了显著改善。

在交通、住房、饮水、教育、医疗等文化生活设施配备等方面，农村的变化是巨大的。但即便如此，就整个农村情况来说，同建成小康社会的目标相比，仍有明显的不足。

虽然全国农村公路通车总里程达到367.8万公里，但仍有1000多个乡镇和8万多个行政村不通沥青（或水泥）路。

农村客运服务仍然不足，山区和边远地区农民出行安全、便捷的问题仍有待解决。

农村的基础设施建设仍然明显滞后

农村还存在不少危房，尤其是国有林区（场）、垦区的危房迫切需要改造。

城乡教育差距很大。无论是师资、教学硬件还是学生进入优质大学的比例都与城市学校存在巨大差距。

城乡医疗卫生水平差距很大。2015年，城市人均卫生费用为2315.5元，而农村仅为666.3元。每千人中卫生技术人员数量，城市、农村分别为7.97人、3.18人。

农村的社会事业发展水平亟待提高

农村文化建设还不适应农民日益增长的文化需求。

随着青壮年劳力不断"外流"，出现了"人走房空"现象，并由人口空心化逐渐演化为人口、土地、产业和基础设施整体空心化。

不少村级干部管理能力不强，无法带动农民进行生产创新。

农村社会管理亟待创新和加强

缺少健全的社会管理机制和好的管理办法。

农村文化经费投入不足，运转困难。乡镇公益性服务经费下拨还是按人头核算，没有按乡镇人口计算，造成乡镇公益性服务经费不足。

公共文化服务人才缺乏，人手不足。随着国家惠农政策的不断出台，乡镇综合文化站作用越来越大，但是乡镇文化站工作人员编制太少，还有些乡镇文化专干不能胜任基层文化工作。

农村公共服务迫切需要加强

伴随工业化、城镇化水平的提高，大量农村人口会进入城镇生产生活，但农业在国民经济社会发展中的基础地位并不会改变。我国将长期有数亿人口继续在农村生产生活。只有——

生产条件
得到改善

社会事业
得到发展

社会管理
得到完善

公共服务
得到加强

农村的经济社会才能得到充分发展，
农民的生活质量才能达到小康社会的要求，
农村才能与城镇同步进入小康社会。

"小康不小康，
关键看老乡！"

光城里人奔小康
可不行。

必须和亿万农民一
起迈进小康社会，
那才叫全面建成！

5

创新小康

抓创新就是抓发展，谋创新就是谋未来。

2015年11月2日，万众瞩目的大飞机C919总装下线，露出"真容"。它是我国第一架自行设计制造、具有完全自主知识产权的大型客机，反映了我国创新能力大幅提升、创新体系建设迈向世界前列。

党的十九大提出，要加快建设创新型国家。**创新**是引领发展的第一动力，是建设现代化经济体系的战略支撑。我们要把创新摆在国家发展全局的核心位置，不断推进各方面创新，让创新贯穿党和国家一切工作，在全社会蔚然成风。

放眼全球，新一轮科技革命和产业变革蓄势待发，创新已经成为大国竞争的新赛场。

创新真是个超级"热词"啊。

谁下好创新这步先手棋，谁就能占领先机、赢得主动。

当前，世界各大国都在积极强化创新部署。

美国再工业化战略

旨在依靠产业升级和实体创新，发展先进制造业等实体经济，从而引领美国走出金融危机以来的经济困境，实现经济复苏。

德国工业4.0战略

旨在利用物联信息系统，将生产中的供应、制造、销售等信息进行数据化、智能化，最后实现快速、有效、个人化的产品供应，从而提升制造业的智能化水平。

日本

强调"独创力关系到国家兴亡"。

英国

强调"人民的想象力是国家的最大资源"。

我国既面临着难得的历史机遇，也面临着与发达国家差距拉大的风险，只有努力在创新发展上实现新突破，才能跟上世界发展大势，把握发展主动权。

我国已是世界第二大经济体，现在要追求的新目标是**大而强、大而壮**。在经济发展进入新常态的背景下，靠什么来培育新的增长动力和竞争优势？

从国际经验看，第二次世界大战后，全世界只有少数经济体从中等收入国家行列迈入高收入国家行列，跨过

中等收入陷阱　　指的是部分新兴经济体在快速发展过程中积累了大量矛盾和问题，当人均GDP超过3000美元后，这些矛盾和问题就会集中爆发出来。如果应对不当，就会导致经济增长停滞甚至回落，引发一系列社会问题，无法跨入高收入国家行列。

"中等收入陷阱"实现了现代化。它们正是依靠科技创新打造竞争新优势。只有真正用好科技创新这根有力杠杆，支撑中国经济创造更长的增长周期，才能成功跨越"中等收入陷阱"。

我国人均GDP约为7800美元，正处于跨越"中等收入陷阱"的紧要时期。

一定要撸起袖子加油干，把这个大"陷阱"跨过去！

创新 才是应对问题的"良方"，更是推动发展的"引擎"。

坚持创新发展 推动发展方式改变

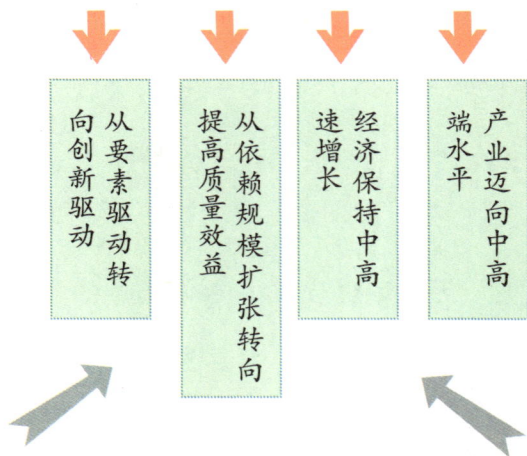

从要素驱动转向创新驱动

从依赖规模扩张转向提高质量效益

经济保持中高速增长

产业迈向中高端水平

什么是要素驱动？

要素驱动是指主要依靠各种生产要素的投入来促进经济增长的发展方式。

近年来，我国科技创新领域亮点频出、精彩纷呈：**"神舟"飞天、"嫦娥"探月、"蛟龙"潜海、屠呦呦荣获诺贝尔生理学或医学奖**，今天，我国在航天、医药、生物、信息等重要领域科技实力已跻身世界前列。但是我们还有自己的弱势：

科技对经济增长的贡献率远低于发达国家水平

科技发展水平总体不高

科技对经济社会发展的支撑能力不足

我国科技人员总量虽居世界第一，但领军人才、尖子人才仍严重不足。全球价值链中，我国不少产业还处于中低端，核心技术仍然受制于人，出现很多"卡脖子"的问题。

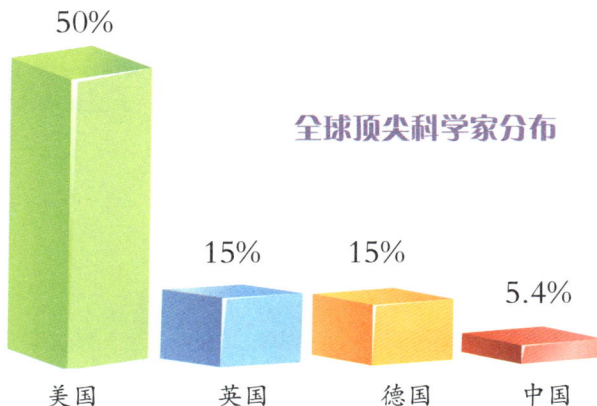

全球顶尖科学家分布

50%	15%	15%	5.4%
美国	英国	德国	中国

面对蓄势待发的新一轮科技革命，创新是培育经济增长点、抢占发展制高点的最优选择，必须深入实施创新驱动发展战略，加快从要素驱动发展为主向创新驱动发展为主的转变，发挥科技创新的支撑引领作用。

高铁

卫星发射

核电技术

双十一狂欢

互联网+

大数据战略

农村电商

创客风潮

众创众筹

只要以时不我待的紧迫、锲而不舍的定力、奋发有为的进取，扎扎实实推进创新发展，齐心协力建设创新型国家，就一定能为全面建成小康社会、实现中华民族伟大复兴的中国梦插上腾飞的翅膀。

决胜全面建成小康社会

　　要在2020年如期实现全面建成小康社会的目标，让几千万贫困人口脱贫，让经济增长不失速，让经济、政治、文化、社会、生态文明协同发展，让每个农村、每个区域发展都不掉队，不是一件容易的事情，时间有限，任务艰巨。然而，实现全面建成小康社会的目标是全国各族人民共同的期盼。所以，无论遇到什么困难和挑战，都得面对，都要解决。

　　党的十九大报告指出，"从现在到2020年，是全面建成小康社会决胜期。""从十九大到二十大，是'两个一百年'奋斗目标的历史交汇期。我们既要全面建成小康社会、实现第一个百年奋斗目标，又要乘势而上开启全面建设社会主义现代化国家新征程，向第二个百年奋斗目标进军。"让我们为全面建成小康社会，为实现中华民族伟大复兴的中国梦共同奋斗吧！